mini SÚPER CHISTES

El papel utilizado para la impresión de este libro ha sido fabricado a partir de madera procedente de bosques y plantaciones gestionadas con los más altos estándares ambientales, garantizando una explotación de los recursos sostenible con el medio ambiente y beneficiosa para las personas. Por este motivo, Greenpeace acredita que este libro cumple los requisitos ambientales y sociales necesarios para ser considerado un libro «amigo de los bosques». El proyecto «Libros amigos de los bosques» promueve la conservación y el uso sostenible de los bosques, en especial de los Bosques Primarios, los últimos bosques vírgenes del planeta.

Primera edición: enero de 2015

Coordinación editorial: Bonalletra Alcompas S.L.
Diseño y maquetación: Elisenda Nogué / www.metagrafica.com
Corrección: Sergio Herrero

Printed in Spain – Impreso en España

ISBN: 978-84-9043-368-3
Depósito legal: B-17356-2014

Impreso por Limpergraf
Encuadernado por Baró

G T 3 3 6 8 3

Penguin
Random House
Grupo Editorial

mini SÚPER CHISTES

PARA REÍRTE A CARCAJADAS

montena

Bajo el mar, entre las rocas de un acantilado, dos peces amigos están hablando:
—Jolines, siempre choco contra esas piedras.
—¿Por qué? —le pregunta el amigo.
—Pues porque solo sé frenar en seco.

Un niño está haciendo los deberes delante de la tele, y le pregunta a su padre:
—Papá, ¿quién ganó a los cartagineses?
Y el padre contesta:
—No lo sé, hijo. Ya sabes que no entiendo de fútbol.

En pleno agosto, en la terraza de un bar, un abuelo le dice a su mujer:
—Feliz año nuevo.
—¿Feliz año nuevo? Pero si estamos en agosto.
Pero el abuelo vuelve a decir, un poco más alto:
—¡Feliz año nuevo!
—No seas pesado. ¡Que no es fin de año!
El abuelo, cansado, se pone la dentadura postiza y dice:
—¡Felisa, me muero!

En la playa, un niño le pregunta a su madre:
—Mamá, ¿se ve mejor con un ojo o con dos?
—Con dos, hijo. Con dos —contesta la madre.
Y el niño pregunta entonces:
—¿Y por qué María cierra un ojo cada vez que pasa un chico?

La maestra le pregunta a un alumno:
—¿Por qué dejaste el examen en blanco? Las preguntas eran muy fáciles...
Y el alumno contesta:
—Las preguntas sí, pero las respuestas no.

El padre le dice al hijo:
—Tenemos que ir a Ikea.
—¡Pero ahora empieza el partido! —se queja el chico.
—Ya —responde el padre— pero dijimos que iríamos.
Y el chico contesta:
—Si hay que ir a Ikea, se va. Pero ir *pa ná estantería.*

En el aula de informática el profesor pregunta a Marcos:
—¿Qué contraseña has puesto?
—No se la puedo decir —contesta Marcos—, es secreta.
—Está bien —dice el profesor—, pero dime al menos cuántas letras tiene.
Y el niño responde:
—¿Cuántas letras tiene TRANSFORMACIÓN?

—¿Qué es blanco y te hará daño si se cae del árbol?
— Una nevera.

Dos delfines han bebido una copa de más y van nadando por el mar, hacen piruetas y juegan. De pronto pasan cerca de una estrella de mar y dicen:
—Cuidado, el *sheriff*.

Una niña le dice a su abuelo:
—¡Abuelo, estás muy gordo!
Y el abuelo contesta:
—¡Sí, como una tapia!

Una mujer, harta de que los ratones se cuelen en su casa, llama al casero y le dice:
—¡Aquí no se puede vivir! Esta casa está llena de ratones.
—¿No estará exagerando? —responde el hombre.
La mujer pone un trocito de queso en el suelo y, al momento, aparecen cincuenta ratas.
—¡Vaya! —dice el casero—. ¿Y ese pulpo de la pared?
Y la mujer contesta:
—De las ratas ya hemos hablado. Ahora hablemos de la humedad.

Rosita está comiendo pan con mantequilla, pasa un niño y se lo tira al suelo. Una profesora ve llorar a la niña y le pregunta qué ha pasado.
—Juan me ha tirado el bocadillo al suelo —dice Rosita.
—¿Con intención? —pregunta la maestra.
Y la niña, llorando todavía más, dice:
—Nooooo, con mantequilla.

Dos alumnos entran en clase cuando ya ha empezado.
–Marcos, ¿por qué llegas tarde? –pregunta la maestra.
–Porque estaba soñando que no paraba de viajar por todo el mundo y me desperté tarde.
–Y tú, Juan, ¿por qué llegas tarde?
–Es que yo fui a recogerlo al aeropuerto.

Pedro y Pablo caminan por la arena, ven un puesto de helados y Pedro dice:
—¿Me compras un helado?
—No —contesta Pablo—. Lo he dejado.
—¿El qué? —pregunta Pedro, sorprendido—. ¿Comer helados?
—No. Pagártelos.

La hermana mayor ve a su hermano pequeño delante del ordenador con los ojos cerrados, y le pregunta:
—Oye, ¿qué haces con los ojos cerrados?
Y el hermanito le contesta:
—Es que Windows me dijo que cerrara todas las pestañas.

Un niño que se llama Marcos le pregunta a su amiga Vanessa:
—¿Cómo metes a una jirafa en la nevera?
—No lo sé —contesta Vanessa.
Y Marcos le dice:
—Abres la puerta, metes la jirafa y cierras la puerta.

Vanessa le pregunta a su amigo Marcos:
—Y tú, ¿cómo meterías a un elefante en la nevera?
Y Marcos contesta:
—Abres la puerta, metes al elefante y cierras la nevera.
—Pues no —contesta Vanessa—. Abres la nevera, sacas a la jirafa, metes al elefante y cierras la puerta.

Dos ratas pasean por la calle y por encima de ellas pasa un murciélago:
—¿Qué era eso? —pregunta una, espantada.
—Mi novio, que es piloto.

Un padre y su hijo están viendo un partido de fútbol en el que juega el equipo de su pueblo. El niño pregunta al padre:
—Papá, por qué gritan «iglesia abandonada» cada vez que nuestro equipo falla un gol?
Y el padre contesta:
—Porque no tiene cura.

Una familia está haciendo una excursión por la montaña y el hijo pregunta a sus padres:

—¿Los pedos pesan?

—Claro que no —contestan sus padres.

Y el niño dice:

—Entonces me he hecho caca.

—¿Qué dinosaurio se mete siempre en líos?

—El *bronca-saurio*.

Dos madres se encuentran para hablar de las actividades extraescolares de sus hijos y una le pregunta a la otra:

—¿Cómo le van los estudios de violín a tu hijo?

—Ahora le han pagado una beca para terminar los estudios en Austria.

—¿Quién, el gobierno?

—No, los vecinos.

Tres pastores están discutiendo sobre quién tiene el perro más listo, y el primero dice:
—Mi perro encierra a las ovejas, les da de comer y vigila la casa toda la noche.
—Eso no es nada —contesta el segundo pastor—. Mi perro encierra a las ovejas, les da de comer, vigila la casa, me trae el periódico y hace un triple salto mortal.
El tercer pastor, con lágrimas en los ojos, dice:
—El perro que yo tenía…
—¿Qué le pasó? —preguntan los otros dos.
—Que murió electrocutado —responde, triste.
—¿Por un rayo?
—No, arreglándome el televisor.

Un atracador se acerca a una chica y le grita:
—¡Levante las palmas!
Y la chica contesta:
—Yo pondría una X.

Era un niño tan despistado, tan despistado, tan despistado, que lo atropelló un coche aparcado.

En la consulta de un médico, un hombre mayor le pregunta al doctor:
—¿Y cómo puedo conservar el poco pelo que me queda?
Y el doctor contesta:
—Guardándolo en una cajita.

Una niña le pregunta a su madre:
—Mamá, mamá, ¿la abuela es bruja?
—No —contesta la madre—, ¿por qué lo preguntas?
—Porque estaba tocando los cables de la lámpara y ha salido volando por la ventana.

El primer día de clase una niña le pregunta a otra:
—¿Cuál es tu nombre de pila?
Y la niña nueva responde:
—Duracell.

En el establo un burro le pregunta a otro:
—¿Vamos a dar una vuelta hasta que nos aburramos?

De viaje en coche, una niña le pregunta a su hermano:

—¿Sabes cuál es la diferencia entre un coche y un váter?

—No, ¿cuál?

—Que en el coche te sientas y corres, y para ir al váter corres a sentarte.

Un padre y su hijo están el Museo de Historia Natural, y el hijo pregunta:
—Papá, ¿las ballenas tienen novio?
—Claro, hijo.
—¿Y quedan juntos para ir de paseo?
—Sí, seguramente.
—¿Y si quedan para salir pero el novio no se presenta a la cita?
—Entonces —dice el padre—, es que le ha dado *planctón*.

Un hombre llama por teléfono a la compañía de taxis y, enfadado, pregunta:
—¿Qué pasa con el taxi que pedí hace una hora? ¡No voy a llegar al avión de las seis!
Los de la compañía le contestan:
—No se preocupe, ese avión siempre se retrasa.
Y el hombre contesta:
—Como no vengan rápido seguro que sí. ¡Yo soy el piloto!

—Hijo, ¿por qué metes el periódico en la nevera?
—Para tener noticias frescas.

Era un hombre tan viejo, tan viejo, tan viejo que en vez de traerlo la cigüeña, lo trajo un diplodocus.

Dos niños van en coche y juegan a las adivinanzas:
—¿Qué le dice una piedra a otra piedra?
—No sé.
—¡Qué vida más dura!

Una niña se ha pasado todo el verano aprendiendo a ir en bici y su madre le pregunta:
—Ahora que ya has aprendido a ir en bici, ¿qué ha sido lo más duro?
Y la hija responde:
—El suelo.

Un amigo visita a Juanito a su casa y le pregunta:
—¿Por qué has puesto la tele en el baño?
Y Juanito contesta:
—Porque se ve que te cagas.

Un niño le pregunta a su mamá:
—Mamá, ¿los tiburones comen sardinas?
—Sí, hijito.
—¿Y cómo abren las latas?

Durante un entrenamiento, el padre le pregunta al entrenador:

—¿Y qué? ¿Qué le parece mi hijo?

El entrenador contesta:

—Que es un jugador muy prometedor.

—¿Ah, sí? —pregunta el padre, contento—. ¿Es muy bueno?

Y el entrenador contesta:

—No, pero hace meses que promete que jugará mejor.

Vale, ya tengo el ratón del ordenador en la esquina superior. ¿Ahora qué?

En clase la maestra pregunta:
—A ver, María, ¿cuál crees que es el animal más antiguo?
Y María responde:
—La vaca, porque está en blanco y negro.

Un niño entra en un bar y le pregunta al camarero:
—¿Cuánto cuesta un zumo de naranja natural?
El camarero responde:
—Dos euros.
—¿Y el azúcar?
—El azúcar es gratis —contesta el camarero.
Entonces dice el niño:
—Pues póngame un kilo.

Un niño llega de la escuela y le dice a su madre:
—Mamá, mamá. En el cole me llaman «despistado».
Y la señora contesta:
—Anda niño, vete a tu casa, que vives enfrente.

—¿Qué animal gana siempre todas las carreras?
— El piojo, porque siempre va en cabeza.

Repasando inglés en el campamento, Carmen le dice a Melisa:
—No entiendo nada.
—¿Por qué? —pregunta Melisa.
—Porque si en inglés CAR es «coche», y MEN es «hombres». ¿Qué soy yo? ¿Una Transformer?

Dos hermanos están jugando a fútbol, y uno le pregunta al otro:
—¿Sabes cuál es el colmo de un futbolista?
—No.
—Tener un hijo pelota.

—Pepito, ¿qué tal el cole?
—No sé, mamá —contesta Pepito—, todo el rato me llaman «el eléctrico».
—¿Y tú qué haces?
—Les sigo la corriente.

Entra un esqueleto en un bar y dice:
—¿Me da una cerveza y una fregona, por favor?

En el zoológico, delante del recinto de los leones, un niño pregunta a su madre:

—Mamá, ¿por qué no me compras un león?

Y la madre contesta:

—Porque no sabríamos qué darle de comer.

—Bueno, entonces cómprame uno de esos animales con el cartel «Prohibido darles de comer».

Un niño entra en una tienda de animales y le dice al vendedor:

—Buenos días, quisiera comprar un perro.

El vendedor le pregunta:

—¿Pequinés?

Y el niño contesta:

—Es para mi abuela, que le gustan mucho los animales.

Un viajero llega a Londres y, como no sabe mucho inglés, se apunta al curso más barato que encuentra. El primer día entra en la academia y pregunta:
—Perdone, ¿es aquí donde dan clases de inglés?
Y el de la academia le contesta:
—*If, if. Between, between.*

En clase de educación física una niña se acerca resoplando al profesor y le pregunta:
—Profe, creo que soy asmática. ¿Es grave?
Y el profesor le contesta:
—No, es esdrújula.

Un jugador, enfadado, sale del campo y le dice a su madre:
—Me han expulsado por no jugar limpio.
Y la madre le contesta:
—Pues haberte duchado antes.

Había una vez un jugador tan malo, pero tan malo, que cuando metió un gol, en la repetición lo falló.

El hermano mayor, viendo que le falta dinero en su cartera, le pregunta a su hermano pequeño:
—¿Sabes dónde van las personas que roban el dinero de los mayores?
Y el pequeño contesta:
—Sí, al cine.

Dos turistas están delante de las cataratas del Niágara cuando uno le dice al otro:
—Mi tío murió de cataratas.
—¿Ah, sí? —pregunta el amigo—. ¿Le operaron?
—No, lo empujaron.

Delante de una tienda de fotografía, el hermano mayor le pregunta a su hermano pequeño:
—¿Sabes cuál es el colmo de un fotógrafo?
—No —contesta el pequeño—. ¿Cuál?
—Que su hijo se rebele.

En el desierto, una serpiente se cruza con otra y le dice:
—Eres una arrastrada.

En el cielo se organiza un partido entre ángeles y demonios. El capitán de los ángeles le dice al capitán de los demonios:

—No tenéis nada que hacer. Tenemos a los mejores jugadores.

Y el demonio contesta:

—Sí, pero nosotros tenemos a todos los árbitros.

Una familia está comiendo y el hijo le pregunta a su madre:
—Mamá, ¿cuándo vamos a comer pan de hoy?
Y la madre contesta:
—Mañana, hijo, mañana.

Un francés se va de safari y contrata a un guía español. En mitad de la selva ven un tigre y lo primero que hace el guía es echarse a correr:
—¡*Esperra*! ¡*Esperra*! —grita el francés.
—No, no es perra —contesta el guía español—. ¡Es tigre!

En clase de mates, la maestra le pregunta a Clara:
—A ver Clara, si tengo cuatro euros en el bolsillo y se me caen dos, ¿qué tengo ahora en el bolsillo?
Y Clara contesta:
—Un agujero, señorita.

—Hijo, ¿por qué metes el periódico en la nevera?
—Para tener noticias frescas.

Un entrenador les grita a sus jugadores:
—¡Chutad a gol! ¡Chutad a gol!
Y Gol salió del campo lesionado.

Un superhincha de la selección española llega contentísimo a su casa y le dice a su mujer:
—¡María! ¡María! ¡He cumplido mi sueño! ¡He estado en el césped con todos los jugadores de la selección! ¡Con todos!
—¡Es genial, cariño! ¿Y qué te han dicho?
Y el marido contesta:
—Que saliera del campo inmediatamente o llamaban a la policía.

Un niño llega a su casa y, triste, le dice a su madre:
— Hoy el entrenador me ha dicho que soy garantía de gol.
Y su madre le responde:
—Pero eso está muy bien, hijo. ¿Por qué estás triste?
Y el niño contesta:
—Porque juego de portero.

Un turista se va de vacaciones a la selva y le pregunta al guía:
—¿Es verdad que en esta zona hay caníbales?
—¡Qué va! —dice el guía—. Al último nos lo comimos la semana pasada.

Una tarde Jero llega a casa muy contento y le dice a su padre:
—¡Papá, papá, he jugado el mejor partido de mi vida! ¡¡He metido tres goles!!
—¡Muy bien, hijo! —le dice su padre—. ¿Y cómo habéis quedado?
Y el hijo contesta:
—Perdimos 2 a 1.

En clase están estudiando los tiempos verbales.
La profe pone ejemplos y pregunta a los niños:
—«Yo era rica» es....
Y una niña contesta:
—Pasado.
—Muy bien Lisa. Y si digo: «Yo soy hermosa», ¿qué es?
Y se oye un alumno que dice:
—¡Mentira!

Un alumno le pregunta a la maestra de inglés:
—Señorita, ¿qué significa «*nothing*»?
—Nada —contesta la profesora.
—Algo querrá decir, ¿no?

Una familia ha ido de vacaciones a China y, delante de la Gran Muralla, un chino escucha al padre leyendo la guía en voz alta y pregunta:
—*Peldón*, ¿qué es una *lápida*?
Y la hija responde:
—Una china que corre rápido.

¿Qué le dice la sandía al cuchillo?
—No me cortes, que me pongo colorada

En los columpios, una niña está triste y le dice a su amiga:
—Ayer se murió mi gato.
—Vaya —contesta la amiga—. Pero, ¿no me dijiste que tenía 16 vidas?
—Sí —contesta la niña—, pero lo atropelló un 4x4.

Iba un perrito caminando por el campo de Inglaterra y de repente choca con un zorro. El zorro se disculpa y le dice:
—*I'm sorry*.
Y el perrito le contesta:
—*I'm perry*.

En un crucero familiar, una niña le dice a su padre:
—¡Papá, papá, mira, un delfín a la derecha!
—No se dice así——dice el padre—, se dice «estribor».
Y la niña contesta:
—¡Un estribor a la derecha!

Una señora muy fea entra en una ferretería y dice:
—¿Me da una escoba?
Y el vendedor le contesta:
—¿Se la envuelvo o se la lleva volando?

¿Qué le dijo una uva verde a una uva morada?
—Respira, respira...

Una chica entra en el confesionario de una iglesia y le dice al cura:
—Padre, creo que me estoy obsesionando con el fútbol.
Y el cura le dice:
—No pasa nada, hija mía. A las devotas también les puede gustar el fútbol.
Y la chica pregunta:
—¿Y a las que llevamos sandalias?

Dos serpientes van en bici por la carretera, pasan por encima de un bache y una le pregunta a la otra:
—Oye, ¿sabes si somos venenosas?
—Ni idea, ¿por qué?
—Porque me he mordido la lengua.

—¿Cómo se dice «bigote» en italiano?
— *Trampoline di mocco.*

Una familia se va de vacaciones en coche. Ya en la carretera, ven un letrero que pone «Disminuya a 60 km». El padre, al ver la señal, reduce la velocidad. Al cabo de un rato ven otro letrero que pone «Disminuya a 40 km». Otra vez el padre reduce la velocidad.
A los cinco minutos ven otro cartel que pone «Disminuya a 20 km». El padre, desesperado, todavía va más despacio. Al cabo de un par de horas, cansados de ir tan despacio, ven otro cartel que pone «Bienvenidos a Disminuya».

Una pareja con dos niños viajan en tren, y el hermano menor no para de imitar al hermano mayor:
—Papá —se queja el mayor—, Juan está imitando todo lo que hago.
—Juan —dice el padre—, deja de hacer el tonto.

Llega un joven a la farmacia y pregunta:
—¿Tienen calmantes?
—Sí —responde el farmacéutico.
—Pues tómese algunos porque esto es un atraco.

Un niño está jugando a un videojuego con su amigo y le pregunta:
—¿Sabes por qué los gatos son tan buenos jugando a los videojuegos?
—No —contesta el amigo—. ¿Por qué?
—Porque tienen siete vidas.

Una mujer le pregunta a su amiga:
—Oye, Marta, ¿tú cuándo supiste que tu marido era un enfermo del fútbol?
Y Marta contesta:
—Cuando empezó a sacar la tarjeta roja para castigar a los niños.

En clase de educación física, Laura se toca la pierna y dice:
—¡Profe, profe! Me sigue doliendo...
Y el profe, sin mirarla, le contesta:
—¡Doliendo, por favor, deja a Laura tranquila!

Un viajero llega a Barcelona, pide un plato combinado y, cuando lo tiene delante, le dice al camarero:
—Oiga, ¿podría freír un poco más el pollo? ¡Es que se está comiendo mi ensalada!

—¿Qué le dijo el azúcar a la leche?
—Nos vemos en el café.

La vecina del quinto se encuentra a Carlitos y a su madre y les pregunta:
—¿Cómo le van a su hijo las clases de natación?
Y la madre de Carlitos contesta:
—Por ahora, nada mal.

—¿Y por qué a nuestro equipo lo llaman el Belén?
—Porque tiene muchas figuras pero ninguna se mueve.

Un niño llega cada día tarde a la escuela y la maestra le pregunta:
—¿Se puede saber por qué siempre llegas tarde?
—Por la señal de la calle —contesta el niño.
—¿Qué señal? —pregunta la maestra.
—La que pone: «Escuela. Reduzca la velocidad».

Entran dos hermanos a un hotel, y uno le dice al otro:
—¡Cuidado con la puerta giratoria!
—¿Qué puerta girato... girato... girato...?

Un chico se encuentra con su amigo y, triste, le dice:
—Mi novia me ha dejado por mi obsesión por el fútbol. No lo entiendo. Solo llevaba con ella dos jornadas.

Un turista entra en un bar y pregunta:
—¿Cuánto cuesta un vaso de agua?
—Nada —contesta el camarero—. Es gratis.
—Pues póngame dos. Uno para mí y otro para usted, que le invito.

—¿Por qué a tu equipo le llaman el Supermán?
—Porque somos los hombres de acero. Siempre quedamos uno *acero*, dos *acero*, tres *acero*…

Un chico entra en una tienda de deportes y le pregunta al encargado:
—¿Tiene pelotas para jugar al tenis?
—Sí —contesta el encargado.
—Pues le espero mañana a las nueve.

En una granja, una niña le pregunta a su madre:
—Mamá, ¿tú sabes qué hay detrás de la vaca que ríe?
—¿Qué hay, hija?
—Otra vaca contando chistes.

Un turista de ciudad viaja al campo y le pregunta a un granjero:
—Buenos días, ¿qué está haciendo?
—Echar estiércol a las fresas.
—¿Y no sería mejor echarles un poco de nata?

En la clase de matemáticas, el maestro le pregunta a Isabel:

—Si en un bolsillo del pantalón encuentras cinco euros y en el otro tres, ¿qué es lo que tienes?

E Isabel contesta:

—Los pantalones de otro, profe, porque yo nunca tengo dinero.

—¿Por qué los franceses comen caracoles?

—Porque no les gusta la comida rápida.

Carlitos visita a su primo granjero y, delante del corral de las gallinas, le pregunta:
—Oye, ¿por qué las gallinas cuidan tanto de sus pollitos?
Y el primo contesta:
—Porque les costó un huevo tenerlos.

Julia está comiendo con su familia, intenta decir algo con la boca llena, y su madre le dice:
—Te he dicho mil veces que no hables con la boca llena.
—Pero... —intenta decir la niña.
—¡Ni pero, ni nada!
—Pero mamá... —insiste la niña.
—¿Qué te acabo de decir?
Al final, Julia consigue tragarse lo que tenía en la boca y su madre le dice:
—Ahora sí, Julia. ¿Qué querías decir?
Y Julia dice:
—Que en la ensalada hay bichos.

Un matrimonio que nunca ha viajado llega por fin a la casita que han alquilado y después de descargar el coche, la mujer entra en el comedor y le dice al marido:
—¿Se puede saber por qué has comprado cinco teles?
Y el marido contesta:
—Para ver Tele 5.

—¿Cuál es la planta que camina?
— La planta de los pies.

Como cada martes María va a visitar a su abuela y se la encuentra comiendo un yogur muy lentamente. María, preocupada, le dice:
—Abuela, tienes que comer más deprisa... ¿No ves que el yogur caduca dentro de tres días?

La selección española acaba de perder un partido y, camino del vestuario, uno de sus jugadores empieza a saltar y a gritar:
—¡A los cuartos!
Iniesta, que está a su lado, le dice:
—¿Qué dices, a los cuartos? ¡Pero si acabamos de perder!
Y el otro contesta:
—Por eso. ¡A los cuartos del hotel!

La maestra pregunta a una alumna:
—Macarena, si en una mano tengo 15 peras y en la otra 10, ¿qué tengo en total?
Y la alumna responde:
—Unas manos enormes.

Dos niños quieren fugarse del campamento de verano, y uno le dice al otro:
—Si la pared es baja, la saltamos. Si es alta, hacemos un hoyo. ¿De acuerdo?
—De acuerdo. Ve tú primero.
Pasadas tres horas regresa el amigo y le dice:
—No podemos escapar.
—¿Por qué?
—¡Porque no hay pared!

En la pista de un aeropuerto un instructor le dice a su alumno:
—Estás expulsado del equipo de paracaidismo.
—¿Por qué? —pregunta el alumno.
Y el instructor contesta:
—Porque no me caes bien.

La madre le dice a Carlitos:
—¿Por qué tienes un chichón en la cabeza?
—Porque fui a la fiesta de cumpleaños de un niño muy rico.
—¿Y eso qué tiene que ver?
Y Carlitos contesta:
—Pues que se abrió la piñata y me cayó un televisor.

Un granjero está hablando con su cerdo y le dice:
—Como te has portado muy bien, mañana te llevaré al parque de atracciones.
El cerdo, contentísimo, se pone a saltar y dice:
—¡Oink, oink, oink!
Y el granjero le contesta:
—No, hoy no. Te he dicho que mañana.

En la clase de informática un niño le pregunta a un compañero:

–Y a ti, ¿por qué te llaman Facebook?

El niño, levantando el pulgar, contesta:

–Porque me gusta.

Un hombre llega lesionado a su casa, y su mujer le pregunta:
—¿Qué te ha pasado?
Y el hombre responde:
—Pues que estábamos jugando, fui a chutar un córner y, en lugar de darle a la pelota, le di a un pedrusco que había al lado.
—Qué tonto eres —le dice la mujer.
Y el hombre responde:
—Más tonto es el que intentó marcar el gol de cabeza.

Un caracol cruza la calle y lo atropella una tortuga. Cuando despierta en el hospital, el médico le pregunta:
—¿Cómo ocurrió?
Y el caracol le responde:
—No sé, ¡fue todo tan rápido!

Dos niños pequeños están juntos haciendo castillos en la arena y uno le pregunta al otro:
—¿A ti se te escapa la caca?
Y el otro contesta:
—No. La mía se queda donde la hago.

En el restaurante, un niño no para de dar besos en la mano de su madre, hasta que finalmente ella dice:
—Me gusta mucho que me des besos en la mano, Pedrito, pero ¿por qué me das tantos?
—Porque no me han puesto servilleta, mamá.

—¡Mamaaaá, en el colegio me llaman fin de semana!
—¿Y eso por qué, Domingo?

¿Ves como le has puesto demasiada crema solar?

Se encuentran dos amigos, y uno le pregunta al otro:
—¿Todavía juegas a tenis con Pedro?
Y el otro contesta:
—¿Jugarías con alguien que siempre llega tarde?
—No.
—¿Jugarías con alguien que no paga nunca?
—No.
—¿Jugarías con alguien que siempre hace trampas?
—No.
—Pues por lo visto Pedro tampoco.

Dos amigos caminan por un bosque y uno de ellos de pronto se pone una zanahoria en cada oreja. El amigo le mira sorprendido y le pregunta:
—Oye, ¿por qué llevas zanahorias en las orejas?
—Para ahuyentar a los osos —contesta.
—¡Pero si aquí no hay osos!
Y su amigo le contesta, orgulloso:
—¿Lo ves como funciona...?

—¿Qué hace una vaca con los ojos cerrados?
—Leche concentrada.

Un niño de ciudad visita una granja y, mirando a los cerdos, le pregunta al granjero:
—¿Por qué les echa azúcar a los cerdos?
Y el granjero responde:
—Para tener jamón dulce.

A la hora del recreo, un niño le pregunta al alumno nuevo:
—¿Tu padre trabaja?
Y el otro contesta:
—Está intentando entrar en un banco.
—¿Por enchufe?
—No, por un agujero en la pared.

A la hora del recreo, dos niños están echando los restos de sus bocadillos a unas palomas, y uno le dice al otro:
—Pues yo tengo 40 palomas en casa.
—¿Mensajeras? —pregunta el amigo.
—No, no *t'ensajero* nada.

En la tanda de penaltis, un espectador está tan nervioso que no para de comerse las uñas. Una mujer que está a su lado, le dice:

—¿Podría dejar de comerse las uñas, por favor?

Y el hombre responde:

—¿A usted qué le importa si yo me como las uñas?

Y la mujer contesta:

—Es que la mano es mía.

Fardando de sus mascotas, Carlitos le dice a Juanito:
—Pues mi loro sabe decir cien palabras.
—¿Ah, sí? ¿Y cómo se llama tu loro?
Y Carlitos contesta:
—Pancho.
Entonces Juanito dice:
—Pues yo tengo un ave que sabe todas las palabras que existen, con acentos incluidos.
—¿Ah sí? No me lo creo. ¿Y cómo se llama?
Y Juanito contesta:
—Ave cedario.

Una niña llega a su casa y le entrega las notas a su padre:
—¿Cómo? ¡Estas notas merecen un castigo!
Y la niña contesta:
—¿A que sí, papá? Pero tranquilo, sé dónde vive la maestra.

Una vaca se da un golpe muy fuerte contra un árbol. Aturdida, se pone a caminar y, sin darse cuenta, llega hasta el desierto. Cuando empieza a recuperarse, mira a su alrededor y, espantada, grita:
—¡Me he comido toda la hierba!

Un hombre llega al estadio de fútbol de su ciudad con un montón de sacos de estiércol, los mete en las oficinas y el encargado le dice:
—¿Pero qué hace? ¿Por qué ha traído tanto estiércol?
Y el hombre contesta:
—Vengo a abonarme.

Dos niños están comprobando qué les han puesto sus madres para desayunar. Uno saca un bocadillo y el otro una lata de conserva. El niño del bocadillo le dice a su amigo:
—¿Sabes qué? Mi madre me ha comprado un loro que dice «hola».
Y el niño de la lata responde:
—Pues a mi me ha comprado una lata que dice «melocotón en almíbar».

Un grupo de peces va nadando por el mar y ven a un pez que está solo y aburrido, y uno pregunta:
—¿Por qué ese pez está solo?
Y su compañero le contesta:
—Porque es un *pez-ao*.

Una niña pasea con sus padres por las calles de Londres y les pregunta a sus padres:
—¿Qué significa «Why» en inglés?
Su madre le contesta:
—¿Por qué?
Y la niña le dice:
—Por nada. Para saberlo.

El abuelo le pregunta a su nieto:
—¿Estudias mucho?
—Sí —contesta el nieto.
—¿Haces travesuras?
—No —contesta el nieto.
—¿Ayudas a tus padres?
—Sí —contesta el nieto.
—¿Tienes algún defecto?
—Sí —contesta el nieto—. Digo muchas mentiras.

Una niña está aburrida, sentada delante de su tienda en el *camping*. Una amiga la ve allí y le pregunta:

—¿No te lo pasas bien aquí?

—No. Yo tenía ganas de ir a Nueva York, como el año pasado.

—¡Hala! ¿El año pasado fuiste a Nueva York? —pregunta la amiga.

Y la niña responde:

—No, pero también tenía ganas.

Un seguidor de La Roja está paseando por la ciudad, le pega una patada a un bote y del interior surge un genio, que le dice:

—Te voy a conceder un deseo.

—¿No eran tres? —pregunta el chico.

—Antes sí —contesta el genio—, pero ahora estamos en crisis.

El chico se lo piensa, y dice:

—Ya está. Quiero mil millones de euros.

El genio, enfadado, le dice:

—¿No te he dicho que estamos en crisis?

—Vale —continúa el chico—, quiero que haya paz en el mundo.

—Uf, imposible. ¿Algo más sencillo?

Y el chico, finalmente, dice:

—¡Ya lo tengo! Que La Roja vuelva a ganar el Mundial.

Y el genio, pensándolo, contesta:

—¿Cuántos millones dices que quieres?

Un hermano le pregunta al otro:

—¿Tú qué haces por la mañana, cuando sale el sol?

—Sombra —responde este.

En un rincón del patio una niña pequeña está escribiendo muy concentrada. Llega una amiga y le pregunta:
—¿Qué haces?
—Le escribo una carta a mi prima.
—¡Pero si tú no sabes escribir!
—Ya lo sé —contesta la niña— pero mi prima tampoco sabe leer.

Dos niñas están en un bote hinchable, cerca de la playa, y una le pregunta a la otra:
—¿Sabes cuántas personas caben en una ballena?
—No —dice la amiga—. ¿Cuántas?
—Ninguna, porque *va llena*.

En la recepción de un hotel, un niño le dice a su madre:
—Mamá, mamá... hay un pobre señor gritando en la calle. ¿Me das dinero para ese pobre hombre?
—Está bien —contesta la madre—, pero ¿qué grita el pobre hombre?
Y el hijo dice:
—¡Helados! ¡Helados!

Dos niños se encuentran por el pueblo y uno le pregunta al otro:

—Alfredo, ¿de dónde vienes?

Y Alfredo contesta:

—De comprar 50 vacas, 60 ovejas, 35 conejos y 20 pavos.

—¿Y cómo es eso? ¿Es que vas a ampliar la granja?

—¡Qué va! —responde Alfredo—. Es que estoy montando el pesebre.

Una niña y su madre van de paseo en bici y la niña dice:
—¡Mamá, mamá, mira, sin manos! —y retira las manos del manillar.
Un poco más adelante repite:
—¡Mamá, mamá, mira, sin piernas! —y retira los pies de los pedales.
De repente la niña se pega un batacazo, se levanta y dice:
—¡Mamá, mamá, *mida, zin dientez*!

Una niña se acerca a una vecina y con cara de pena le dice:
—Buena vecina, ¿podría darme diez euros para reunirme con mi familia?
—Claro, guapa —responde la vecina—. ¿Dónde están?
—En el cine.

Dos amigas se están comiendo el bocata de la merienda y una le dice a la otra:
—¿Sabes cómo hacer para que el pan hable?
—Ni idea.
—Lo dejas toda la noche en remojo, y al día siguiente *estáblando*.

Un abuelo le pregunta a su mujer:
—¡María! ¿Por qué has puesto el plato dentro del televisor?
Y María responde:
—Yo no he hecho eso.
—Vaya —dice el abuelo—, he estado veinte minutos mirando el microondas.

Una niña está de visita en casa de una tía que acaba de conocer. Al verla, le dice:

—¡Fea!

El padre de la niña, avergonzado, le explica a su hija que no debe tratar así a la gente y que le diga a la señora que lo siente mucho. La niña, obediente, le dice a la tía:

—Tía, siento mucho que seas fea.

En un cursillo de natación en la playa, la monitora pregunta a Carlitos:

—Carlitos, ¿sabes nadar?

—Sí, señorita —responde Carlitos.

—¿Y dónde aprendiste? —pregunta la monitora.

Y Carlitos responde:

—En el agua, señorita.

En clase de dibujo una niña está pintando toda la página de color gris, y la maestra le pregunta:

—He dicho que pintéis vacas, Julia. ¿Dónde están?

Y Julia contesta:

—Detrás de la niebla.

Había una vez un granjero que cada día cogía una gallina, se la llevaba a la estación de tren y se sentaba encima del animal durante toda la mañana. Un día, el jefe de la estación se acercó a él y le preguntó:

—¿Se puede saber por qué se monta cada día sobre esa gallina?

Y el granjero, molesto, le contestó:

—¿Qué pasa? ¿Es qué no puedo subir al AVE como todo el mundo?

Un padre y su hijo pasean por el campo a la luz de la luna llena y el padre le pregunta a su hijo:
—¿Crees que puede haber habitantes en la Luna?
Y el hijo responde:
—Claro papá. ¿No ves que tienen la luz encendida?

Una pareja se va a casar. Él tiene 90 años y ella 85 y entran en una farmacia. El abuelo pregunta al farmacéutico:
—¿Tienen remedios para el corazón?
—Sí —dice el farmacéutico.
—¿Y para la tensión?
—Sí.
—¿Y para el reuma?
—También.
—¿Y para la artritis?
—Sí.
—¿Y para la vista?
—También.
Entonces, el novio mira a la novia y le dice:
—Cariño, ¿qué te parece si hacemos aquí la lista de bodas?

PESCADOR PESCADO

En la granja, un topo le dice a otro:
—Para la vista, lo mejor son las zanahorias.
—¿Cómo lo sabes? —pregunta el topo.
—¿Has visto alguna vez a un conejo con gafas?

Dos mujeres se encuentran en el paseo marítimo:
—Hola, ¿nos conocemos? Creo que he visto tu cara en otra parte.
—Imposible —contesta—. Siempre la he tenido en el mismo sitio.

Un chico de 18 años está a punto de empezar a trabajar en una empresa, y el jefe le dice:
—Cobrarás mil euros, y si todo va bien, dentro de seis meses cobrarás dos mil.
Y el chico contesta:
—Vale. Pues ya volveré dentro de seis meses.

—¿Qué le dice el león a la cebra?
—No me rayes.

El director del cole es un hombre muy tacaño. El último día de curso, cargado de maletas para ir al aeropuerto, para un taxi y le pregunta al conductor:

—¿Cuánto cobra hasta el aeropuerto?

Y el taxista responde:

—30 euros.

—¿Y por las maletas?

—No, las maletas se las llevo gratis.

—Bueno, entonces lléveme las maletas, que yo voy andando.

Durante un vuelo, la azafata se acerca a ver qué le ocurre a un hombre que protesta.
—¡Estoy harto de esta aerolínea! ¡Siempre me toca el mismo asiento! ¡No puedo ver la película y, como las ventanillas no tienen persianas, tampoco puedo dormir!
Y la azafata le responde:
—Deje de quejarse y aterrice de una vez, comandante.

Un tiranosaurio entra en una panadería y dice:
—Una barra de pan, por favor.
La panadera le pregunta:
—¿Pero tú no eras carnívoro?
—Sí —contesta el tiranosaurio—, pero quería hacerme un bocata.

Un granjero le dice a su vecino:
—Tengo un caballo enfermo. ¿Qué le diste al tuyo el mes pasado cuando se puso malo?
Y el vecino responde:
—Terabencitina.
Una semana después, el granjero vuelve a ver a su vecino y le dice:
—Hice como tú. Le di la terabencitina a mi caballo pero se murió de golpe.
Y el otro responde:
—El mío también.

—Mamá, ¿los limones vuelan?
—No, hijo.
—Entonces se ha escapado el canario.

Ya ha vuelto a perder su equipo.

Un niño le pregunta a su padre:
—Papá, ¿los vecinos del quinto son pobres?
—No —responde el padre—. ¿Por qué?
—Porque la hija se ha tragado una moneda y están todos muy preocupados.

Un niño pasea con su hermana mayor por la playa, ve que hay árboles muy cerca del agua y le pregunta:
—María, ¿por qué aquí plantan los olivos tan cerca del mar?
Y la hermana le contesta:
—Para que salgan aceitunas con sabor a anchoa.

Un niño le pregunta a su amiga:
—¿De qué trabaja tu padre?
—Es banquero —contesta la niña.
—Entonces, debe de ganar mucho dinero.
Y la niña le dice:
—¡Qué va! El negocio de la madera está fatal.

Laurita le pregunta a la señorita:
—Señu, ¿verdad que no se puede castigar a alguien por algo que no ha hecho?
—No, claro que no —responde la maestra.
Y Laurita responde:
—Estupendo, porque hoy no he hecho los deberes.

Un niño llega a una granja y ve que el granjero está enseñando a sus cerdos a robar. Extrañado, el niño le pregunta:
—Oiga, ¿por qué enseña a sus cerdos a robar?
Y el granjero contesta:
—¿Por qué va a ser? Por que así saldrán buenos chorizos.

Un niño le pregunta a su madre:
—Mamá, ¿has visto mis calcetines?
La madre le contesta:
—Carlitos, ¿por qué no buscas un poco antes de preguntar?
Y el niño contesta:
—¡Ya lo he hecho, pero en Google no viene nada!

En el portal de un edificio, un abuelo muy gracioso le pregunta a su nieta:

—¿Sabes lo que le dice un timbre a otro timbre?

—Ni idea, abuelo. ¿Qué le dice?

—Si me tocas, grito.

En el banquillo de un campo de segunda división, los mosquitos no paran de molestar a los suplentes, y uno de ellos dice:
—¡Me están picando los mosquitos!
Y el entrenador le contesta:
—¡Ponte repelente, hombre!
Y el jugador dice:
—Me están succionando sangre los culícidos de la familia de dípteros nematóceros.

El profesor le pregunta a Juanito:
—A ver, Juanito, ¿qué te pasa si te corto una oreja?
—Pues que me quedo medio sordo —contesta el niño.
—¿Y si te corto la otra?
—Pues que me quedo ciego.
—¿Cómo? —pregunta desconcertado el profesor.
—Hombre, porque se me caerían las gafas.

Un niño entra corriendo en la granja y le dice a su tío:
—Tío, tío, ¡tu hijo es supergafe!
—¿Y por qué dices eso?
—¡Porque se ha sentado en el pajar y se ha clavado una aguja!

—Mamá, en el cole me llaman azafata.
—¿Y quién te dice eso, cariño?
Y la niña contesta, señalando:
—Los de delante, los de detrás y los de ambos lados.

—¡Papaaaaaaaaaaá! ¡¡Me he tragado el altavoooooooz!!

Delante del mar, un niño pequeño se encuentra con una niña pequeña y le pregunta:
—Y tú, ¿cómo te llamas?
—Jara —contesta la niña.
—Un nombre muy bonito, ¿verdad?
Y la niña contesta:
—Jí.

La profesora le pregunta a Marieta:
—¿Qué es un caníbal?
Y Marieta contesta:
—No sé, profe.
Pero la maestra insiste:
—A ver, si tú te comes a tus padres, ¿qué eres?
Y la alumna contesta:
—Huérfana, profe, huérfana.

—Mamá, ¿los limones vuelan?
—No, hija.
—¡Uy, entonces he exprimido el canario!

Un niño le pregunta a su amigo:
-¿Cuáles son los juegos más limpios?
Y el otro contesta:
-Fácil: las O-limpiadas.

Dos niños están sentados en los columpios del cole y uno le dice al otro:
—Juan, por las mañanas no me puedo levantar.
—¿Ah no? Yo me levanto cada día a las tres.
—¿A las tres? ¿Y cómo lo haces?
—Pues digo «una, dos y tres», y me levanto.

—¿Cómo se llaman los pollitos que hablan muchos idiomas?
—*Pollíglotas*.

En una batalla naval durante la época de los romanos, un soldado va corriendo al césar y le dice:
—¡César! ¡César! ¡Nos estamos quedando sin centuriones!
Y el césar, tranquilamente, le dice:
—Pues poneos los tirantes...

—¿Cuál es el pan más loco?
—El pan rallado.

Un hombre va con su perro gigante a un bar y como no le dejan entrar con él lo deja en la puerta. Al cabo de unos minutos entra una chica y le dice al dueño del perro:
—¿El perro que hay fuera era suyo?
—Sí —contesta el hombre.
—Pues lo siento, pero mi chihuahua lo acaba de matar.
—¡Ja, ja, ja! Imposible. Mi perro es un gran danés.
—Ya —contesta la chica—, pero mi chihuahua se ha atascado en su garganta.

Antes de empezar el partido de la final de clubs *amateurs*, el entrenador se dirige al delantero y le dice:
—¿Cómo es que no juegas? Te necesitamos, eres el máximo goleador.
—Ya —contesta el delantero—, pero el médico me lo ha prohibido.
—¿Y por qué? —pregunta, enfadado, el entrenador.
—Porque es el capitán del equipo contrario.

—María, ¿cuánto es 4 por 4?
—Empate.
—¡Mal! A ver una más fácil. ¿Cuánto es 2 por 1?
—Oferta.

En la barra del bar, un chico le dice a su amigo:
—El doctor me ha aconsejado que no juegue más al fútbol.
—¿Por qué? —pregunta el amigo—. ¿Estás enfermo?
—No. Ha visto lo mal que juego.

Un equipo *amateur* tiene que jugar un partido en Inglaterra, y el entrenador le pregunta al capitán:
—¿Tienes buen nivel de inglés?
—Claro —contesta el capitán.
—A ver —continúa el entrenador—. ¿Cómo se dice cenizas en inglés?
Y el capitán contesta:
—*Ashes*.
—¿Y lo sabes usar en una frase?
—Claro —contesta el capitán—. ¿*Ola k ashes*?

Dos niñas están en el patio, mirando cómo juegan sus hermanitos pequeños, y una le dice a la otra:
—A mi hermanito le han puesto gafas.
Y la amiga responde:
—Que nombre más feo, ¿no?

Dos amigas están sentadas mirando el mar y una pregunta:
—¿Qué pasaría si el mundo fuera un cubo?
Y la amiga responde:
—Que seríamos cubanos.

En el instituto, delante de toda la clase, el chico más gamberro dice:
—Yo quiero ser el delegado de curso.
—Pero Juan —dice el maestro—, para este puesto necesitamos a alguien responsable.
Y Juan responde:
—Por eso. En todas las escuelas donde he estado siempre que pasaba algo, yo era el responsable.

Un pobre erizo camina por el Cañón del Colorado, en América, choca con un cactus y pregunta:
—Mamá, ¿eres tú?

Un hombre tiene dos mascotas, un ratón y un loro. Un día, decidido a venderlos, los lleva a un circo. El dueño le pregunta:

—¿Qué saben hacer?

Inmediatamente, el ratón empieza a tocar el piano y el loro se pone a cantar ópera.

El dueño del circo, asombrado, dice:

—¡Fantástico! ¡Increíble! ¡Se los compro ahora mismo! Pero esto tiene truco, ¿verdad?

Y el hombre contesta:

—La verdad es que sí. En realidad el loro no canta. Lo hace el ratón, que es ventrílocuo.

Un abuelo le dice a su nieto:

—Si te doy diez euros para que los repartas con tu hermanito, ¿cuántos le tocaran a él?

—Dos, dice el niño.

—¿Cómo que dos? ¿Todavía no sabes dividir?

—Yo sí, pero mi hermanito no.

En el corral hay una pelea y una de las gallinas, muy enfadada, le dice al gallo:

—¡Caldito seas!

María y Cristina entran en el recinto de los cocodrilos y María pregunta:
—A ver si sabes quién tiene 300 dientes y 2 ojos.
—Claro —contesta Cristina—, el cocodrilo.
Y María vuelve a preguntar:
—Sí, pero ¿quién tiene 2 dientes y 300 ojos?
—Ni idea —contesta Cristina—. ¿Quién?
—Un autobús lleno de abuelos y abuelas.

De excursión por la montaña, un niño mira a su alrededor, ve que se ha quedado solo, sin el grupo, y dice:
—¡Anda, se han perdido todos menos yo!

Un hombre que se acaba de sacar el carné de conducir va al concesionario a comprarse un coche y el vendedor le dice:
—Con este coche se ahorrará la mitad de la gasolina.
Y el hombre, contento, le dice:
—¡Pues póngame dos!

Una pareja, delante del teatro, le pide al tipo del mostrador:
—Dos entradas, por favor.
—¿Para *Romeo y Julieta?* —pregunta el taquillero.
—No, para mi esposa y para mí.

Un adolescente se acerca a la chica que le gusta y le pregunta:
—Hola, ¿te llamas Google?
—No —contesta la chica—. ¿Por qué?
Y el chico contesta:
—Porque tienes todo lo que busco.

Padre e hijo están viendo el final de un partido, y el hijo pregunta:
—¿Por qué el público grita «enfermo» a nuestro equipo?
Y el padre contesta:
—Porque no tiene defensas.

De excursión, el monitor del campamento le pregunta a Jorge:
—A ver Jorge, si delante tienes el norte, a la derecha el este, y a la izquierda el oeste, ¿qué tienes detrás?
Y Jorge contesta, contento de saber la respuesta:
—La mochila.

Una madre decide plantearle a su hijo un acertijo y le pregunta:
—Un jinete va a caballo por la granja y sin embargo va a pie. ¿Cómo se llama el perro?
—¿El perro? —contesta el hijo—. No sé.
Y la madre responde:
—Sin embargo.

Dos niños están practicando artes marciales en un gimnasio, y uno pregunta:

—Oye, ¿tú sabes por qué mataron a Kung-Fu?

—Ni idea —contesta el amigo.

—Porque lo *kunfundieron*.

—¿Qué quieren ser los pollitos de mayores?
—*Pollicías.*

Un joven jugador de fútbol quiere llegar a ser el mejor jugador del mundo y viaja al Tíbet para aprender con un gran maestro. Se pasa tres años con él y, un día, como ve que no avanza, le dice:
—Estoy harto. No creo que sea el mejor jugador del mundo. Me voy.
El maestro, tranquilamente, lo mira de arriba abajo y le pregunta:
—¿Has visto cada día el sol saliendo del horizonte?
Y el futbolista contesta:
—Sí, maestro.
—¿Has visto cada día los nenúfares flotando en el lago?
Y el futbolista contesta:
—Sí, maestro.
—¿Has visto saltar al saltamontes? ¿Has visto florecer el almendro? ¿Has visto volar a las águilas?
—Sí, maestro.
Finalmente, el maestro, enfadadísimo, le grita:
—¡Pues si en vez de distraerte con todas estas chorradas hubieras estado entrenando, ya serías hace tiempo el mejor jugador del mundo, *atontao*!

¿Por qué es famoso Cristóbal Colón?
Por su memoria.
¿Cómo que por su memoria?
Lo pone en la placa: «A la memoria de Colón».

En una barca de pesca, un padre le dice a su hijo:
—Tira el ancla.
Y el hijo responde:
—Pero papá, ¡si es nueva!

En la piscina de un cámping dos niñas hablan sentadas al borde de la piscina. Hace mucho calor, y una le pregunta a la otra:
—¿No te bañas?
Y la amiga contesta:
—No. El médico me ha dicho que tengo una salud de hierro, y no quiero hundirme.

Dos amigos están en la fila del comedor y uno le dice al otro:
—¿Te has fijado? La nueva cocinera es un sol.
El amigo contesta:
—No, no me he fijado. ¿Por qué lo dices?
Y el primero contesta:
—Porque lo quema todo.

Un jugador de baloncesto entra en una pescadería y pregunta:
—¿Dónde está la canasta?
Y el pescadero dice:
—¿Qué canasta?
Y el jugador contesta:
—¿Cómo que qué canasta? Fuera hay un cartel que pone «Falta personal».

Está una ratita sentada, aparece otra y le dice:
—¿Qué haces aquí tan solita, ratita?
Y la ratita contesta:
—Esperando un ratito.

El primer día de campamentos, el monitor pasa lista y le pregunta a un niño:
—¿Cuál es tu nombre?
—David —contesta el niño.
—¿Tavid?
—No, David con D de Dinamarca.
—Ah —contesta el monitor—, pues, bienvenido, David Conde de Dinamarca.

Carlitos está a punto de hacer windsurf por primera vez, y su amigo le pregunta:
—¿Estás nervioso?
—Sí, un poco —contesta Carlitos.
—¿Es la primera vez?
—No —responde Carlitos—. He estado nervioso otras veces.

-Mamá, ¿el retrete da vueltas?
-No, hijo.
-¡Pues he hecho caca en la lavadora!

Han entrado a robar en el restaurante del zoo y el camarero le dice al dueño:
—¡Señor! Esta noche nos han robado cien zanahorias y quince cartones de tabaco.
Y el dueño pregunta:
—¿Quién habrá sido?
Y el camarero responde:
—Yo sospecho de un conejo fumador.

En una gasolinera de Estados Unidos, una niña le grita a su padre:
—¡Papá, papá, un huracán se está llevando nuestro coche!
—Imposible hija —dice el padre mientras sale del lavabo de la gasolinera—, yo tengo las llaves.

Julia cumple años durante las vacaciones y está preparando su fiesta. Su madre ve que está poniendo un par de botellas vacías en la nevera, y le pregunta:
—Julia, ¿por qué pones botellas vacías en la nevera?
Y Julia contesta:
—Para los que no quieren tomar nada.

La clase está de colonias en el campo. Los niños ya están acostados y de pronto se oye:
—¡Profeee, nos pican los mosquitos!
Y el profe contesta:
—Pues apagad las luces.
Los niños obedecen pero entran dos luciérnagas por la ventana.
—¡Profe, los mosquitos han vuelto, pero con linternas!

—¿Cuál es el animal más vengativo?
—El ganso, porque cada vez que llama a su chica grita:
—«¡Ven-gansa!»

Un monitor del campamento le dice a uno de los niños:
—Juanito, desde el lunes, has llegado cuatro días tarde a las clases de natación. ¿Qué conclusión sacas de esto?
Y Juanito responde:
—¿Que hoy es viernes?

Juan y Pedro se encuentran por la calle, y Juan dice:
—A mi novia se le ha muerto el gato y me ha pedido que le regale otro igual.
—¡Vaya! —contesta Pedro—. ¿Y qué vas a hacer?
—No lo sé. No entiendo para qué quiere dos gatos muertos.

María está de vacaciones en Japón con todos sus primos. El segundo día del viaje se encuentra un poco mal y le pregunta a su prima:
—Creo que estoy resfriada. ¿A qué médico podríamos ir, aquí en Japón?
—Fácil —contesta la prima—, al doctor Yosi Tesako Mokos.

De noche un grupo de niños contempla el cielo y estudia las estrellas cuando uno de los monitores les pregunta:
—¿Alguien sabe qué hay justo después de Marte?
Una niña levanta la mano y dice:
—Miércole.

El cuidador de animales está llorando cuando se le acerca un compañero y le pregunta:
—¿Qué te pasa?
—Que se ha muerto uno de los elefantes.
—Y estás muy triste, ¿verdad?
—También —contesta el cuidador—, pero es que me toca enterrarlo.

Durante sus vacaciones en África, un niño va al hospital por una urgencia. Cuando se encuentra delante del médico, le dice:
—Un camello me ha dado una coz.
Y el médico pregunta:
—¿Dónde?
El niño contesta:
—En el desierto.

Un policía de tráfico da el alto a una familia que va de vacaciones en coche. Cuando el conductor baja la ventanilla, el policía le pregunta:

—¿Es que no ha visto el semáforo en ámbar?

Y el hijo, que va sentado detrás, contesta:

—Sí que lo ha visto. Al que no había visto es a usted.

—¿Qué estudian los pollitos?

—*Pollítica*.

—¿Por qué todos los equipos nos llaman el Quirófano?
— Porque todos salen de aquí con puntos.

Dos viajeros que no saben inglés van paseando por Londres:

—Oye, ¿sabes cómo se dice perro, en inglés?

—Claro. Se dice *dog*.

—¿Y veterinario?

—Claro. Se dice “*Dog*-tor”

Delante de un bosque con un montón de árboles fruteros, el monitor le pregunta a Jaimito:

—A ver, Jaimito, ¿cuál es el mejor momento para recoger las cerezas?

—Fácil —responde Jaimito—, cuando el perro del vecino está atado.

Un ratoncito sale de su madriguera y ve un murciélago volando. Asustado, vuelve a entrar a la madriguera y le dice a su madre:

—¡Mamá, mamá, he visto un angelito!

—Yo, de un solo golpe, rompo una tabla de madera.

—¿Karateca?

—No, leñador.

Un niño va corriendo a su mejor amigo y le dice:
—Luis dice que tu perro come con la cola. ¿Es verdad?
A lo que el niño responde:
—Pues claro, nunca se la quita para comer.

De visita a una granja de vacas, un monitor le pregunta a Matilde:
—Dime cinco cosas que contengan leche.
Y Matilde contesta:
—Cinco vacas.

Dos abuelas están merendando, y una le dice a la otra:
—Esta leche no está buena.
Y la otra responde:
—Y mañana Navidad.

Dos pollitos entran en un bar y uno dice:
—Pío.
Y el otro contesta:
—Píe, píe, que yo pago.

En clase de matemáticas, la maestra pregunta:
—Si tenéis una moneda y le pedís otra a vuestro padre, ¿cuántas tenéis en total?
Una niña se levanta y dice:
—Una moneda, señorita.
—¿Una? —pregunta la maestra—. ¿Es que no conoces las matemáticas?
Y la niña contesta:
—Sí, pero usted no conoce a mi padre.

Un excursionista se acerca al borde de un barranco y lee:
«Cuidado con el borde del barranco».
Llega el borde, y le empuja.

—Ángela, ¿por qué haces los números tan pequeños?
—Para que se noten menos los errores, seño.

Entra un pato en un bar y pide un plato combinado. Uno de los clientes, sorprendido, le dice:
—Es increíble. ¡Un pato que habla!
—¿Qué pasa? —dice el pato—. Usted también habla.
—Es verdad —continúa el cliente—. ¿Y cómo es que ha venido a este bar?
Y el pato dice:
—Soy albañil y trabajo enfrente durante unos días.
El cliente, sorprendido, le responde:
—¡Espere! Soy el dueño de un circo. ¿Le gustaría trabajar en él?
Y el pato contesta:
—¿Y un circo para qué necesita un albañil?

Era un caballo tan vago, tan vago, tan vago, que cuando le ponían la silla de montar, se sentaba en ella.

Después de un partido, un grupo de hinchas se lleva al árbitro encima de sus hombros, y este les dice:
—No se molesten...
Y uno de los hinchas contesta:
—No es molestia. El acantilado está aquí mismo.

Dos turistas acaban de llegar a una gran ciudad y uno se pone a escribir una carta:
—Oye, ¿a quién escribes?
—Pues como no tengo a quién escribir, me escribo a mí mismo.
—Ah, oye —vuelve a preguntar el amigo—, ¿y qué te cuentas?
—No lo sé, como aún no la he recibido...

Un policía que va persiguiendo a un ladrón, lo pierde en una esquina y le pregunta a un niño que pasaba por allí:
—¿Has visto a alguien doblar la esquina?
Y el niño contesta:
—No, cuando yo vine ya estaba doblada.

Un policía le pregunta al ladrón:
—¿Por qué le robó el reloj a la señora?
Y el ladrón contesta:
—Yo no se lo robé. Me lo dio ella.
El policía vuelve a preguntar:
—¿En qué momento se lo dio?
Y el ladrón contesta:
—Cuando le enseñé la pistola.

Un niño le dice a su amiga:
—Me he comprado un pájaro supercurioso.
—¿Ah sí? —dice la amiga—. ¿Cuál?
—No sé. Es amarillo, canta muy bien y es pequeñito.
Y la amiga pregunta:
—¿No será un canario?
Y el niño contesta:
—Canario, catalán, madrileño... ¡Yo qué sé dónde ha nacido!

Un corredor de atletismo acaba de batir el récord mundial de los 100 metros lisos. Todos sus amigos y todos los periodistas se acercan para felicitarle y oyen que murmura:
—Como coja al tío que me ha metido el avispero en los calzoncillos, me lo cargo.

Un niño le dice a su compañero:
—¿Tú sabes cuál es la palabra más larga del diccionario?
Y este le contesta:
—Arroz, porque empieza con «a» y termina con «z».

En un viaje organizado, un niño se acerca a otro y le pregunta:
—¿Cómo te llamas?
Y este le contesta:
—Gabriel, pero cuando estornudo me llaman Jesús.

—¿Qué pescado da más miedo?
—El pez-adilla.

Dos niños están en el baño del cole y uno le pregunta al otro, que es chino:
—¿Cómo se dice «espejo» en chino?
Y el otro, que es muy chistoso, le contesta:
—*Aitoió.*

De viaje por un mercadillo africano, un vendedor quiere cobrarles mucho dinero por una pequeña estatua de madera y el hijo le pregunta al padre:
—Papá, ¿cómo se dice en africano que no estoy de acuerdo?
Y el padre contesta:
—*M'opongo*

—¿Qué consigues con un dinosaurio andando por un campo de fresas?
—Mermelada de fresas.

—¿Cómo sacarías a un elefante de una piscina?
— Mojado.

Dos niños están charlando en el patio, aburridos porque están castigados.

—¿Qué pájaro es el más caro del mundo?

—El águila.

—No.

—El buitre.

—No.

—El avestruz.

—No, no y no. El pájaro más caro es el *l'oro.*

Y tu mochila, ¿de qué color es?
¡¡¡¡GRIIIIIIIIS!!!!
¡Vale, que no soy sorda!
Es que es gris FUERTE.

—Las plantillas del Real Madrid y del Lugo están paseando por la selva y se encuentran con un montón de leones hambrientos. ¿A quién se comerán?
—A los del Madrid, porque les gusta la carne de primera.

Un ciego le pregunta a un cojo:
—¿Qué tal andas?
Y el cojo contesta:
—Pues ya ves...

Una niña acaba de salir de la atracción de Pinocho en Eurodisney y les pregunta a sus padres:
—Mamá, papá, ¿cómo se llama el hermano mayor de Pinocho?
—Pinueve —contesta el padre.

Un granjero le pregunta al vecino:
—¿Así que tus gallinas son buenas?
—¿Buenas? Ni te lo imaginas. No solo ponen los huevos, sino que también ponen la mesa.

Un revisor de tren está revisando los billetes de los pasajeros, hasta que llega a Juanito y le dice:
—¿Cómo viajas en primera clase si tu billete es de tercera?
Y Juanito contesta:
—Comodísimo, oiga.

Un niño adolescente le dice a su padre:
—Papá, hoy me he levantado con muchas ganas de trabajar.
—Muy bien, hijo —le dice el padre—. ¿Y qué vas a hacer?
Y el hijo contesta:
—Me vuelvo a la cama, a ver si se me pasa.

Por la radio, un periodista le pregunta a su compañero:
—¿Cuál es el 11 de Inglaterra?
Y el compañero responde:
—*Eleven.*

Un niño llega a su casa después de visitar a un amigo, y le dice a su padre:

—Recuerdos de Carlitos.

—Gracias —responde el padre.

—Recuerdos de Carlitos.

—Gracias.

—Recuerdos de Carlitos.

—Bueno, ya vale, ¿no? —le dice el padre.

Y el niño contesta:

—Es que me ha dado muchos recuerdos.

En el campamento de verano, los chicos salen de excursión y el monitor les dice:
—Tened mucho cuidado con dónde pisáis, porque aquí cerca hay un pozo escondido que no se veeeeee…

En un restaurante, el cliente le dice al camarero:
—Oiga, hay una mosca en mi sopa.
Y el camarero le responde:
—No se preocupe. La araña que hay en el pan seguro que se la come.

En una reunión de la FIFA, los representantes españoles dicen:
—Podemos organizar nosotros el Mundial. Tenemos el 80% de la instalaciones acabadas.
El presidente del Comité le contesta:
—Los bares no cuentan.
—Ah —responde el español—, entonces no.

Un caballero de la Edad Media se marea mientras viaja por la selva y cae al suelo. Se acerca un león, lo mira con atención y se retira lamentándose:
—¡Lástima! No tengo abrelatas.

En una plantación de árboles frutales, un campesino sorprende a un niño robando cerezas y le dice:
—¡Voy a llamar a tu padre!
El niño, mira hacia arriba del árbol y dice:
—No hace falta, ya le llamo yo. ¡Papá, baja, que hay un señor que te está buscando!

—¿En qué se parece un boxeador a un astrólogo?
— En que se pasan el día viendo las estrellas.

Un niño le dice a su amigo:
—¿Sabes cómo convertir a un burro en una burra?
—Ni idea —contesta el otro.
—Pues lo metes en el armario hasta que *sea-burra*.

Un padre le pregunta a su hijo:
—¿Cómo se llama el perro que cierra las puertas?
—No lo sé, papá, ¿cómo?
—Can-dado.

Un pintor organiza su primera exposición de cuadros, entonces llega su antiguo profesor de pintura y le dice:
—¿Has pintado tú estos cuadros?
—Sí —dice el pintor.
—Me recuerdan a Mozart.
—¿A Mozart? Pero si Mozart no era pintor.
Y el profesor contesta:
—Pues por eso.

¿Qué piso?
¡Mi pie!

Una niña visita un castillo medieval con sus padres. De pronto se encuentra con un fantasma y le dice:
—Señor fantasma, se le ha caído un pañuelo.
Y el fantasma responde:
—No, no es un pañuelo. Es mi hijo.

Un gato y un gallo pasean por la orilla de un lago. De pronto, el gato se cae al agua y grita:
—¡Miaoooogo! ¡Miaoooogo!
Y el gallo le contesta:
—¿Qui quiri qui haga? ¿Qui quiri qui haga?

En clase de seguridad vial, el profesor pregunta a los alumnos:
—¿Qué significa un triángulo con el dibujo de dos niños corriendo con la cartera en la mano?
—Que salen del colegio —contesta una niña.
—Pero también puede ser que entren en el colegio, ¿no? —pregunta el profesor.
Y la niña contesta:
—No, porque los niños están corriendo.

Una niña le pregunta a su abuela:
—Abuelita, ¿sabes por qué la escoba es el objeto más feliz de todos?
—No sé, cariño —contesta la abuela—. ¿Por qué?
Y la niña contesta:
—Porque siempre «va-riendo».

Entra un niño en una tienda y le dice al vendedor:
—Hola, quiero comprar una mosca.
—¡Pero si esto es una ferretería!
—Ya lo sé, pero como la he visto en el escaparate…

El hijo del granjero grita:
—¡Papá, papá, el burro se ha caído al pozo!
Y el padre contesta:
—¡Pues échale cebada, que agua no le faltará!

—¿Cómo se llama al pato que se lleva mal con los otros patos?
—Antipático.

Un niño está jugando a fútbol en el jardín de su casa y le dice a su madre, que está en la cocina:
—¿Mamá, la semana que viene puedo ir a ver el partido en directo?
Y la madre le contesta:
—No sé, hijo, que estoy asando un pollo.
Y el niño pregunta:
—¿Y eso qué tiene que ver?
Y la madre contesta:
—Pues que nunca tomo decisiones «al asar».

En el cole la profesora pregunta:
—Sandra, dime una palabra que tenga muchas oes.
Y Sandra responde:
—Goloso.
—Muy bien, Sandra. Ahora tú, Juanín.
Juanín se queda pensando y dice:
–¡¡¡Goooooooooooooooooooooool!!!

Un niño está pescando en la orilla de un lago, llega un hombre y le pregunta:
—Hola, chaval, ¿qué, pican?
Y el niño contesta:
—No, son mansos.

Un niño llega a casa y le dice a su padre:
—Papá, papá, en el cole me llaman Mourinho.
Y el padre pregunta:
—¿Por qué? ¿Por qué? ¿Por qué?

Una madre está harta de que su hijo se despierte siempre tarde y le dice:
—¿No te cansas de dormir?
Y el hijo contesta:
—¿Cómo me voy a cansar, si estoy durmiendo?

Juan y Julia están bañando a su perro y ella pregunta:
—¿Sabes cómo murió el perro del anuncio de Scottex?
—No —contesta Juan—. ¿Cómo?
—De un mal rollo.

Una familia de antílopes acaba de llegar al zoo y, al atardecer, la cría de antílope le pregunta a su madre:
—¿Puedo ir a jugar con alguien?
—Claro —responde la mamá antílope—. Pregúntale a las cebras.
Al cabo de un rato, vuelve la cría y su madre le pregunta:
—¿Les has preguntado a las cebras si quieren jugar contigo?
—No.
—¿Por qué? —pregunta la madre.
—Porque las he visto a todas con el pijama puesto, y he pensado que ya iban a acostarse.

En clase de lengua el profesor le dice a un alumno:
—Pepe, dime una palabra que empiece con la letra «d».
—Ayer.
—Pero Pepe, «ayer» no empieza con la «d», empieza por «a».
—Ya profe, pero es que ayer era domingo.

Se encuentran dos murciélagos y uno le dice al otro:
—¿Cómo te llamas?
—Murci.
—Murci ¿qué?
—Murciélago. ¿Y tú?
—Oto.
—Oto ¿qué?
—Oto murciélago.

Una mañana, Sergio le pregunta a su padre:
—Papá, ¿a ti te gustan las patatas asadas?
El padre contesta:
—Sí, ya sabes que me encantan.
Y Sergio le dice:
—Pues te vas a hartar, porque se está quemando la cocina.

Un abuelo quiere regalarle un gato a su nieta y va a la tienda de mascotas. Cuando llega, le dice al encargado:

—Quiero un gato original. Que sea diferente. Que haga algo gracioso.

El encargado, sin dudarlo, le da un precioso gatito y le dice:

—Este gato es perfecto. Cuando le apetece canta como Justin Bieber, cuando le apetece, baila como Michael Jackson. Solo tiene un pequeño defecto.

—¡Perfecto! —dice el abuelo—. Me lo llevo.

El encargado mete el gato en una caja, el abuelo paga, lo coge, y cuando sale por la puerta, pregunta:

—Por cierto, ¿qué pequeño defecto tiene?

—Que nunca le apetece.

En clase de lengua:

—Adrián, dime una palabra que contenga la letra «a».

—Reloj.

—¿Me puedes decir dónde está la letra «a» en esa palabra? —pregunta enfadada la maestra.

—Pues en las agujas, profe.

Toda la familia ha ido a un restaurante y según se sientan, el hijo empieza a meterse ketchup por la oreja:

—¿Qué estás haciendo? —pregunta el padre, enfadado.

Y el niño, tranquilamente, responde:

—Escuchando salsa.

—¿Qué le dice un pulpo mamá a su hijito?

—Dame la mano, dame la mano, dame la mano, dame la mano, dame la mano, dame la mano, dame la mano, dame la mano.

En el patio del cole, un niño le dice a su amigo:

—Rafa, ¿tu abuela es mecánico?

—No —contesta Rafa—. ¿Por qué?

—Por nada, es que la acabo de ver debajo de un camión.

✿ ✿ ✿

El director de la escuela le pide a su secretaria:
—Maribel, escribe a los padres de Álvaro para que vengan el viernes a hablar conmigo porque se porta muy mal.
—Señor director —pregunta la secretaria—, ¿viernes se escribe con «b» o con «v»?
Y el director contesta:
—Mejor que vengan el lunes...

✿ ✿ ✿

El profe de gimnasia se ha llevado a la clase a ver la final de atletismo. Sentados en las gradas, un niño pregunta:

—¿Por qué corren estos hombres, profe?

—Porque al primero le dan un premio —contesta el maestro.

Y el niño dice:

—Entonces, ¿los demás por qué corren?

Dos piojos están en la cabeza de un señor calvo, y uno le dice al otro:
—Oye, vámonos a un perro que esto ya está pavimentado.

En la clase de lengua, la maestra explica que las onomatopeyas son palabras que describen los sonidos.
Como deberes pide una frase con la palabra onomatopeya.
Al día siguiente los alumnos leen lo que han escrito.
—Ayer estaba en la calle, pasó un perro que dijo «guau», y yo pensé que «guau» era una onomatopeya —dice Jaime.
—Muy bien Jaime. Ahora tú, Silvia.
—Ayer estaba en mi cuarto, vino mi gato, dijo «miau» y yo pensé que «miau» era una onomatopeya.
—Muy bien, Silvia. Ahora tú, Jorge.
—Ayer estaba en la calle, pasó un camión y pensé: «¡Oh no, *m'atropella!*»